Dr. Alexander R. Bind

Der GRANATAPFEL – Wunder des ewigen Lebens

Krankheit: Nein danke!
Entdecken Sie alle verbotenen Geheimnisse
des wilden Granatapfels

Was Nobelpreisträger und Wissenschaftler
dem wilden Granatapfel entreißen –
jetzt endlich aufgedeckt und veröffentlicht

Neue Studien aus den Medizin-Zentren
in aller Welt

Dieser Ratgeber ist nicht als medizinischer Ratgeber gedacht. Er dient nur zur Information und für die Weiter- und Ausbildung. Bitte konsultieren Sie einen Therapeuten Ihres Vertrauens, wenn dafür eine Notwendigkeit besteht.

Dr. Alexander R. Bind

Food for Health
Publishing & Media B.V.

1. Auflage 2010

Herausgeber der deutschen Ausgabe:

Postbus 3054, NL - 6460 HB Kerkrade

Unverbindliche Preisempfehlung: € 19,95
ISBN/EAN-Nr. 978-90-78057-21-5

Inhalt

Einführung – Der Granatapfel: Symbol der Fruchtbarkeit und des Lebens

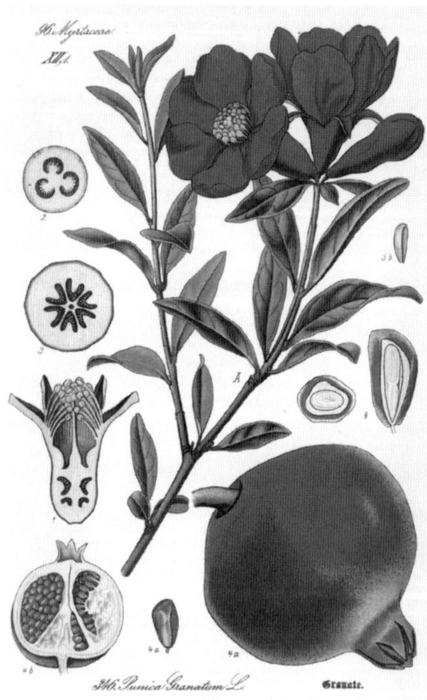

Permission: under GFDL by Kurt Stueberv

Wenn Sie schon einmal über einen südlichen Obstmarkt geschlendert sind, kennen Sie sie sicher: Die Granatäpfel (Punica granatum, Punicaceae) mit Ihrer intensiv roten Schale. Mittlerweile sind die Granaten, wie sie ebenfalls genannt werden, aber auch in gut sortierten Obst- und Gemüseabteilungen zu finden.

Der Granatapfel: Legendäre Frucht – neu entdeckt

Die enorme Verbreitung hat einen guten Grund: Der Granatapfel, altdeutsch auch als Paradiesapfel bekannt, ist eine der ältesten Kultur- und Heilfrüchte der Menschheit. Der aromatische Saft des Granatapfels wird schon im Alten Testament als das Lebenselixier und als Symbol der Unsterblichkeit und Sinnlichkeit beschrieben. Im Orient ist der Granatapfel seit Jahrtausenden ein Symbol für die Herzgesundheit, für Jugend, Fruchtbarkeit und Schönheit. Was damals altes, überliefertes Wissen war, ist heute vielfach belegt.

Der Granatapfel ist der Rundum-Schutz für Ihre Gesundheit, denn sein gesundheitlicher Nutzen ist breit gefächert. Die enthaltenen Wirkstoffe sind wirksam gegen:

- Herz-Kreislauf-Erkrankungen und Arterienverkalkung (Arteriosklerose)
- Krebs, insbesondere auch Prostatakrebs
- Chronische Entzündungsprozesse
- Zellalterung, insbesondere auch im Gehirn

Der Granatapfel ist im ehemaligen Persien heimisch und ist nicht nur gesund, sondern hat in der Geschichte, der Religion und der Romantik einen hohen Symbolwert. Ein Blick in die Geschichte und Mythologie lohnt sich; denn dann werden Sie wissen, warum der Granatapfel eines der ersten kultivierten Feldfrüchte der Menschheit ist. Und sich das bis heute nicht geändert hat!

Der Granatapfel – mehr als ein Mythos

Der Granatapfelbaum, von dem man sagt, er habe im Garten Eden geblüht, wird seit langer Zeit in der Volksmedizin vieler Länder umfangreich angewandt. Neben Hinweisen in der Bibel erwähnten auch die Römer die einzigartigen Heilkräfte des Baums.

In der alten griechischen Mythologie war der Granatapfel bekannt als die „Frucht der Toten“, und in der alten hebräischen Tradition zierten Granatäpfel die Kleider des hohen Priesters. Die Babylonier betrachteten den Granatapfel als einen Wirkstoff zur Wiederbelebung, die Perser glaubten, die Samen machten in der Schlacht unbesiegbar, und für die alten Chinesen symbolisierten die Kerne ein langes Leben und Unsterblichkeit.

Der Granatapfel wurde bereits von den alten Ägyptern angebaut. In Gräbern aus dem Bronzealter wurden getrocknete Früchte gefunden. Moses musste den Israeliten versichern, dass sie im gelobten Land auch Granatäpfel haben würden. Die Griechen und Römer feierten den Granatapfel. Shakespeares Julia bestand gegenüber Romeo darauf, dass es eine Nachtigall war, die aus dem Granatapfelbaum sang.

Im mittleren Osten und Asien werden viele Speisen aus Granatäpfeln zubereitet. Er wird roh gegessen, und der Saft wird in der traditionellen persischen, kaukasischen und indischen Küche verwendet. Mehrere Völker im mittleren Osten, Asien und Südamerika kauen kleine Stückchen seiner Rinde, die Blütenblätter und die Schalen, um Leiden von Ruhr bis hin zu Mund- und Zahnfleischerkrankungen zu behandeln.

Das ist die Kurzzusammenfassung dessen, wo der Granatapfel überall auftaucht und wie er verwandt wird. Aber lesen Sie weiter.

Der heilige Granatapfel

Schon bevor die medizinischen Eigenschaften des Granatapfels bekannt waren, war die Pflanze in vielen großen Weltreligionen heilig. Der Granatapfel gilt seit Jahrtausenden als Symbol der ewigen Jugend und der Fruchtbarkeit. Er wird auch „Apfel der Aphrodite“ genannt. Im orientalischen Raum ist er seit jeher das Symbol für die Unsterblichkeit. Das Alte Testament beschreibt ihn als Sinnbild für die Lebensfülle. Die alten Chinesen sagten, dass der Granatapfelsaft Unsterblichkeit und Langlebigkeit bringt. In arabischen Ländern ist es Tradition das Brautpaar mit Granatapfelsamen zu bewerfen, dies soll dem Brautpaar Fruchtbarkeit und ewige Liebe bringen.

Aus der Signaturenlehre ist folgendes bedeutsam: Schneidet man den Granatapfel in der Mitte durch, gleicht er einem Eierstock, mit seinen unzähligen Keimdrüsen – daher auch die Fruchtbarkeitssymbolik.

Griechische und römische Mythologie

In der **griechischen Mythologie** steht der Granatapfel für das Leben, die Regeneration und Heirat. Er war das Liebesmittel der Antike. Er wurde einzelnen Göttinnen und Göttern als Symbol zugeteilt wie z. B. der griechischen Liebesgöttin Aphrodite, Hera, Persephone und Adonis. Die Göttin Aphrodite z. B. steht nicht nur für die Schönheit und den Frühling, sondern ist auch die Göttin der Liebe. Sie soll den Granatapfel selbst auf Zypern als Baum des Lebens gepflanzt haben.

Außerdem gehörte der Granatapfel zu den Lieblingsspeisen der griechischen Götter. Und diese Speise gilt seit jeher als Geheimnis ihrer Unsterblichkeit.

Im **alten Rom** wurde der Granatapfel als Punicum (punicum malum = „Punischer Apfel") bezeichnet. Der Name rührt von seinem Herkunftsort, nämlich Karthago in Nordafrika, in denen die Punier beheimatet waren.

Die Göttermutter Juno wurde mit dem Granatapfel in der Hand abgebildet und galt als Sinnbild der Liebe, Ehe und Fruchtbarkeit. Bräute trugen daher einen Kranz aus blühenden Granatapfelzweigen.

Die Beliebtheit des Granatapfels zeigt sich auch in vielen pompejanischen Fresken.

Judaismus

Im Judentum sagt man, dass der Granatapfel 613 Kerne habe, einen für jeden der 613 Gebote der Bibel. Der Granatapfel symbolisierte Heiligkeit, Fruchtbarkeit und Reichtum. Das Lied von Salomon vergleicht die Wangen einer Braut hinter ihrem Schleier mit den beiden Hälften eines Granatapfels, der rote Saft des Granatapfels ist der Nektar der Liebenden, der Duft seiner vielen Blüten der Inbegriff des erwachenden Frühlings. Abbildungen der Frucht dekorierten die Säulen von König Salomons Tempel sowie die Roben und Insignien der jüdischen Könige und Priester.

Christentum

Die Samen des Granatapfels stehen im frühen Christentum für Individuen mit einem gemeinsamen Glauben, die als Ganzes vereint sind.

Später wurde der Granatapfel das Symbol für die Reinheit und Jungfräulichkeit der Jungfrau Maria. Daher ist der Granatapfel häufig auf Statuen und Gemälden der Jungfrau mit Kind zu finden.

Der Granatapfel
als Fruchtbarkeitssymbol
der Jungfrau Maria

In mittelalterlichen Darstellungen symbolisiert der Granatapfel Fruchtbarkeit und ist mit dem Ende der Einhornjagd verbunden. Die von Natur aus wilden und unkontrollierbaren Einhörner konnten nur von Jungfrauen gezähmt werden. Das gefangene Einhorn scheint aus den Wunden zu bluten, die ihm die Jäger beigebracht haben. Ihre „Wunden“ sind tatsächlich Granatapfelkerne, deren blutroter Saft auf den milchig-weißen Boden tropft. Wenn die Einhörner gezähmt waren, wurden sie an einem Granatapfelbaum angebunden, der die bevorstehende Inkarnation von Christus symbolisiert.

Durch die Eroberungszüge der Mauren gelangte der Granatapfel in das Wappen und die Flagge der spanischen Stadt Granada und fand Eingang in die maurisch beeinflusste Kunst der Gotik und Renaissance.

Ab dem Mittelalter ist der Granatapfel als Reichsapfel ein Symbol der Herrschertugend.

In diesem Zusammenhang hat auch die „Granate“ ihren Namen durch die Ähnlichkeit mit der Frucht erhalten. Denn die Granate gleicht der Furcht nicht nur in der Form; das Geschoß zerplatzt bei der Detonation genauso wie die reife Frucht, wenn sie die Samen hinausschleudert.

aus Wikipedia: Miguillen

Das Wappen der spanischen Stadt Granada mit dem Granatapfel

Islam

Der Koran beschreibt vier Gärten des Paradieses, einschließlich eines Granatapfelbaums. Granatäpfel werden an drei Stellen im Koran erwähnt, zweimal als Geschenke von Allah. Der Prophet Muhammad empfahl den Verzehr von Granatäpfeln, um den Körper von Eifersucht und Hass zu reinigen.

Es gibt eine Legende, dass jeder Granatapfel einen Kern enthält, der aus dem Paradies stammt. Granatäpfel spielen bei den Beduinen im mittleren Osten eine besondere Rolle als Fruchtbarkeitssymbol bei Hochzeiten. Ein schönes Exemplar der Frucht wird vom Bräutigam aufgeschnitten, wenn er und seine Braut ihr Zelt öffnen oder durch die Tür in ihr Haus eintreten. Viele Kerne garantieren, dass das Paar, das sie isst, viele Kinder haben wird.

Buddhismus

Die Dämonin Hariti, die Kinder verschlang, wurde von Buddha von ihrer bösen Angewohnheit geheilt, indem er ihr einen Granatapfel zu essen gab. Sie ist in der buddhistischen Kunst abgebildet, wie sie ein Kind hält. In Japan ist sie bekannt als Kishimojin und wird von unfruchtbaren Frauen beschworen. In der buddhistischen Religion ist der Granatapfel einer von drei heiligen Früchten, die anderen beiden sind Zitrusfrüchte und der Pfirsich. In der buddhistischen Kunst steht die Frucht für die Essenz der positiven Einflüsse. In China ist der Granatapfel sehr häufig auf keramischer Kunst abgebildet, wo er Fruchtbarkeit, Reichtum, die Nachwelt, zahlreiche und tugendhafte Nachkommen sowie eine gesegnete Zukunft symbolisiert. Ein Bild eines reifen, offenen Granatapfels ist ein beliebtes Hochzeitsgeschenk.

Zoroastrismus (Lehre des Zarathustra)

Im zoroastrischen Ritual und heimischen Bräuchen wurde der Granatapfel häufig verwendet. So isst Esfandiar einen Granatapfel und wird unbesiegbar. Herodotus erwähnt goldene Granatäpfel, die die Speere der Krieger in der persischen Phalanx schmückten.

Fazit: Der Granatapfel, paradiesisch gut

Dieser Streifzug durch die Geschichte, Symbolik und Mythologie zeigt: Der Granatapfel ist das Wunder des Lebens, der eine Fülle positiver Effekte für ihre Gesundheit bereithält.

HÄTTEN SIE ES GEWUSST?

- Der lateinische Name lautet Punica granatus. Der Begriff „Punica“ steht für die Punier, die die Frucht anbauten und verbreiteten. „Granatus“ heißt sowohl kernig als auch königlich.
- Die spanische Stadt Granada ist nach der Frucht benannt und trägt den Granatapfel im Wappen.
- Viele Cocktails erhalten ihre rote Farbe durch Grenadine (Sirup aus dem Granatapfel).
- Auch der dunkelrote Halbedelstein Granat verdankt seinen Namen dem Granatapfel.
- Die Granate trägt ihren Namen ebenfalls auf Grund der Form des Granatapfels.
- Der Granatapfel war das persönliche Wahrzeichen des deutschen Kaisers Maximilian I.

- Indische Adlige begannen ihre Festessen mit Granatäpfeln, Weintrauben und chinesischen Datteln.

- Granatäpfel finden sich in der gesamten Weltliteratur, vom Fernen Osten über den Orient bis in die westliche Welt. Shakespeare erwähnt die Frucht in „Romeo und Julia“. Der Barde ließ seine Nachtigall auf einem Granatapfelbaum sitzen. Der anglo-irische Dramatiker, Novellist und Dichter Oscar Wilde nannte eine Sammlung von Erzählungen „Das Granatapfelhaus“. Wilde schrieb an verschiedenen Stellen über die Frucht. Auch Rainer Maria Rilke erwähnte den Granatapfel in einem Brief an seine Frau Clara wegen seiner „massiven Schwere“.

- Leere Hälften der Frucht wurden im antiken Griechenland als Membrane verwendet.

- Kennen Sie das berühmte Meißner Porzellan mit Zwiebelmuster? Eigentlich stellt auch das einen Granatapfel und keine Zwiebel dar.

- Kocht man die Frucht, erhalten Sie tiefschwarze Tinte.

- Die Griechen werfen bei Hochzeiten mit getrockneten Granatäpfeln nach dem Brautpaar; platzen die Früchte auf, symbolisiert das einen großen Kindersegen für das Paar.

- Schon in der Bibel wird der Granatapfel genannt (5. Moses (8, 7-8): Dein Gott führt Dich in ein gutes Land, darin Weizen, Gerste, Weinstöcke, Feigenbäume und Granatäpfel sind, ...

- Bei dem Baum der Erkenntnis handelt es sich angeblich auch um einen Granatapfelbaum.

- Abbildungen von Granatäpfeln finden sich auf Mosaiken im antiken Pompeji, auf chinesischen Keramiken, in deutscher und holländischer Volkskunst und auf Textilien der italienischen Renaissance. Auch in der Kunst ist der Granatapfel oft vertreten:

  Salvador Dalí: Traum, verursacht durch den Flug einer Biene und einem Granatapfel, eine Sekunde vor dem Aufwachen

  Paul Cézanne: Stillleben mit Wassermelone und Granatapel

  Albrecht Dürer: Kaiser Maximilian I.

  Botticelli: Madonna della Melagrana

  Ghirlandaio: Geburt Johannes des Täufers

  Caravaggio: Christus und die Jünger in Emmaus

  Rossetti: Proserpina

  Carpaccio: Zwei venezianische Damen auf dem Balkon

  Chardin: Stilleben mit Porzellankanne

  Linard: Die Fünf Sinne

  Arcimboldo: Porträt Rudolph des II. als Vertumnus

  Manfredi: Allegorie der vier Jahreszeiten

Die Pflanze – einzigartig in der Natur

Der Granatapfel oder Grenadine (Punica granatum) gehört zur Gattung der Punica und bildet die Unterfamilie Punicoideae. Die Bezeichnung des Granatapfels ist in vielen Sprachen auf das lateinische Wort für Kerne oder Körner, granae, bzw. auf deren große Anzahl (lat. granatus = körnig, kernreich) zurückzuführen.

Die biologische Einzigartigkeit des Granatapfels zeigt sich in der Tatsache, dass diese Pflanze keine direkten botanischen Verwandten hat.

Häufig verwandte Namen:

Die indischen Namen sind Variationen des Sanskrit *Dadima* oder Dalim und des persischen *Dulim* oder *Dulima*. Die Franzosen nennen ihn *Granade*, die Spanier *Granada* (die Frucht), *Granado* (die Pflanze), die Holländer *Granaalappel,* die Deutschen *Granatapfel*, die Italiener *Melogranato*, *Melograno granato, Pomo granato* oder *Pomo punico.* In Indonesien heißt er *Gangasalan*, in Thailand *Tab Tim* und in Malaya *Delima*. Die Brasilianer kennen ihn als *Roma, Romeira* oder *Romazeira,* in Guatemala ist es der *Granad.* Auf Samoa heißt er *Limoni*. Der Gattungsname *Punica* war der römische Name für Karthago, von wo die besten Granatäpfel nach Italien kamen.

So erkennen Sie den Granatapfelbaum in der Natur ...

Der Granatapfelbaum (Punica granatum) ist ein Busch oder ein kleiner Baum, der bis zu 5 m hoch wird. Die Pflanze hat fingerlange glänzende Blätter, die im Winter abfallen. Im Sommer trägt der Baum geöffnete leuchtend rote Blüten. Daraus reift der Granatapfel – auch Granate genannt – heran.

Der Granatapfelbaum – eine uralte Kulturpflanze

... und die dazugehörige Frucht

Die Frucht hat etwa die Größe eines Apfels und erreicht einen Durchmesser von bis zu 10 cm. Die Schale ist lederartig und gelblich-braun bis rot gefärbt.

Die Beliebtheit des Granatapfels beruht nicht nur auf der farbigen Pracht seines Äußeren, sondern ebenso sehr auf seinem Inneren. Denn wenn Sie die Frucht aufschneiden, werden Sie eine Überraschung erleben. Auch wenn es „Apfel" heißt, ist im Inneren alles andere als Apfel drin.

Die Frucht besteht zu etwa 52 % aus Kernen

Das Innere der Frucht ist durch hellhäutige Wände getrennt, zwischen denen sich zahlreiche Fruchtsäckchen befinden. Diese Fruchtsäckchen sind mit Körner gefüllt, die von herbem, geschmackvollem, fleischigem, roten, rosa oder weißlichen Fruchtfleisch umgeben sind.

Ursprung und Verbreitung

Ursprünglich ist der Granatapfelbaum im Gebiet von Persien bis ins nördliche Indien heimisch. Dort wuchs er zuerst wild heran und wurde dann kultiviert. Von da aus hat er sich im Altertum im ganzen Mittelmeerraum, Afrika und Europa ausgebreitet. Heute wird er auch in vielen anderen Regionen der Welt, wie in China, Japan, Russland und einigen Teilen der USA angebaut.

Die indische Szene

Obwohl exotische Früchte in allen Teilen der Welt zu finden sind, ist Indien, das mit einer reichen Vielfalt von Klimazonen – von Tropen bis Tundra – gesegnet ist, die Heimat mehrerer exotischer Früchte, die seit neuestem die Aufmerksamkeit der Verbraucher auf sich ziehen. Aus Indien stammen daher auch die süßesten Granatäpfel, die es zu kaufen gibt.

In Indien wird der Granatapfel kommerziell in Maharahtra, Gujarat und in geringerem Umfang in Karnataka und Tamil Nadu angebaut. Die Gesamtfläche, auf der Granatäpfel angepflanzt werden, ist größer als 100.000 Hektar. Maharashtra ist mit 40.970 Hektar Anbaufläche der größte Produzent (85 % der gesamten Produktion). Im September 2005 eröffnete Landwirtschaftsminister Shri Sharad Pawar in Sholapur, Maharashtra, ein Forschungsinstitut, das sich ausschließlich dem Granatapfel widmet.

Aufgrund der starken landwirtschaftlichen Grundlage Indiens und seiner Jahrtausende alten traditionellen medizinischen Anwendung von Früchten sowie dem neuen Schwerpunkt der modernen Forschung auf den bioaktiven Eigenschaften der Früchte hat Indien mehr Wissen über die potenziellen Anwendungsmöglichkeiten für die indische Superfrucht gesammelt als jede andere Nation.

Achtung! Kaufen Sie ausschließlich wilde Granatäpfel aus Indien – die Garantie für erstklassige Qualität „ohne Gentechnik“

Hauptlieferant von Granatäpfeln auf dem Weltmarkt ist der Iran. Doch bei diesen Früchten kann nicht ausgeschlossen werden, dass sie gentechnisch manipuliert wurden! In vielen Ländern, z. B. in den USA, werden Chemikalien in der Landwirtschaft verwendet. Teilweise wird die Ernte maschinell eingeholt. Dies belastet und beschädigt die Früchte und mindert die Qualität enorm!

Achten Sie daher darauf, nur wilde Granatäpfel aus Indien zu kaufen. Wilde Granatäpfel aus Indien werden schonend von Hand geerntet und enthalten garantiert keine Pestizide, Kunstdünger oder Gentechnik!

Verwendung: Heilmittel seit Jahrtausenden

Der Granatapfel und seine Bestandteile galten überall in seinen Anbaugebieten als traditionelle Heilpflanze.

In der Volksmedizin stellte man aus der Rinde ein außerordentlich wirksames Wurmmittel her und nahm den Saft bei Verdauungsstörungen.

Außerdem wurden alle Bestandteile, von den Früchten, Wurzeln über die Schale bis zu den Kernen, v. a. zur Behandlung von Infektionen, Wunden und Entzündungen genutzt.

Schon im alten Persien wurden die Blüten zur Behandlung der Altersdiabetes eingesetzt. Was damals altes Heilwissen war, ist heute wissenschaftlich bewiesen. Dazu später mehr (siehe Seite 47).

Achtung! Die Nachahmung der traditionellen Verwendung ist gefährlich; denn in bestimmten Konzentrationen sind die Baum- und Pflanzenbestandteile giftig. Aber glücklicherweise gibt es heute andere Möglichkeiten, von den vielfältigen Wirkungen des Granatapfels zu profitieren … dazu später mehr!

Im Mittelmeerraum wurden und werden aus Granatäpfeln verschiedene nicht alkoholische und alkoholische Getränke, wie Gewürzwein oder ein dicker Fruchtsirup, auch „Grenadine" genannt, hergestellt.

Wegen ihres hohen Tanningehalts (pflanzliche Gerbstoffe) werden die Extrakte der Rinde, der Blätter, der unreifen Früchte und der Fruchtrinde als Mittel gegen Durchfall, Ruhr und

Blutungen verwendet. Getrocknete, pulverisierte Blüten werden als Heilmittel für Bronchitis verwendet. In Mexiko wird mit einem Sud aus den Blüten gegurgelt, um Mund- und Halsentzündungen zu lindern.

Saft, Schale und Kerne des Granatapfels sind zudem eine alte Hauptstütze der Ayurveda, des traditionellen indischen Gesundheitssystems. Der Granatapfel wird dort wegen seiner kühlenden (anti-pitta = antientzündlichen) Wirkung geschätzt. Der Saft des Granatapfels wird als Bluttonikum (Stärkungsmittel) eingesetzt, denn er hat eine adstringierende (reizmildernd, abdichtend) und durchblutungsfördernde Wirkung. Das ist insbesondere deswegen interessant, weil es mittlerweile viele veröffentlichte klinischen Daten gibt, die diese im Ayurveda beschriebenen Gesundheitsvorteile untermauern, speziell seine Wirkung gegen Herz-Kreislauf-Erkrankungen.

Wie Sie einen Granatapfel zubereiten

Die rotbackige Delikatesse können Sie von der raffinierten Vorspeise bis zum delikaten Dessert vielfältig einsetzen. Als ganze Frucht wird Ihnen der Granatapfel in der Gastronomie kaum begegnen. Zu Hause halbieren Sie die Frucht entweder oder schälen sie wie eine Orange. Das Ziel ist auf beide Arten zu erreichen: Es besteht darin, an die Kerne zu gelangen, denn nur um diese geht es.

Möglich ist auch, dass Sie die Frucht mehrmals längs tief einschneiden und sie dann auseinander brechen. Dann können Sie die Fruchtsäckchen in Klumpen von der Rinde abziehen und essen.

Am leichtesten lassen sich die Kerne mit einer Gabel herauslösen. Wollen Sie den süß-säuerlichen Saft verwenden, können Sie Granatäpfel wie Apfelsinen auspressen.

Im Kühlschrank können Sie die Früchte über mehrere Monate lagern.

In Nord-Indien werden die Früchte für die Zubereitung von Anardana verwendet, indem die Saftsäckchen 10 bis 15 Tage lang in der Sonne getrocknet und dann als Gewürz verkauft werden.

Andere Anwendungen

Alle Teile der Pflanze liefern Tannine (Gerbstoffe) zur Behandlung von Leder. Die Rinde des Stamms enthält etwa 10 bis 25 % Tannin, sie war früher wichtig für die Produktion von Marokko-Leder. Die Rinde der Wurzel hat einen Tanningehalt von 28 %, die Blätter 11 % und die Fruchtrinde ganze 26 %. Letzteres ist ein Nebenprodukt der Anardana-Industrie Indiens. Sowohl die Rinde als auch die Blüten ergeben eine Textilfarbe. Durch das Einweichen der Blätter in Essig kann man Tinte gewinnen. In Japan wird aus der Rinde ein Insektizid hergestellt.

Was den Granatapfel so wertvoll macht

Der Granatapfel hat eine Fülle positiver Effekte für unsere Gesundheit, was an seinen wertvollen Inhaltsstoffen liegt.

Der Saft des Granatapfels ist eine reiche Quelle für Kalium und anderer Nährstoffe – wie Betakarotin, B1-, B2-, C-Vitamine, Kalium, Phosphor, Magnesium, Kalzium und Eisen.

Der Nährwert des frischen Safts, der aus den Saftsäckchen extrahiert wird, pro 100 g:

Hauptnährstoffe

Kalorien	63 - 78
Protein	0,05 - 1,5 g
Fett	Spuren, bis -0,9 g
Kohlenhydrate	15,4 - 19,6
Ballaststoffe	3,4 - 5,0 g

Mineralstoffe und Spurenelemente

Natrium	7 mg
Kalium	290 mg
Magnesium	3 mg
Calcium	8 mg
Eisen	0.5 mg
Phosphor	17 mg
Kupfer	70 µg
Zink	0.28 mg
Chlorid	40 mg
Fluorid	20 µg
Jodid	1.5 µg
Mangan	130 µg
Schwefel	15 µg

Vitamine

Vitamin E	0.2 mg
Folsäure	7 µg
Vitamin B1	0.05 mg
Vitamin B2	0.02 mg
Vitamin B6	0.1 mg
Vitamin C	7 mg
a-Tocopherol	0.2 mg
Vitamin K	10 µg
Nicotinamid	300 µg
Pantothensäure	0.6 mg
Biotin	2 µg
Retinoläquivalent	7 µg
ß-Carotin	40 µg
Niacinäquivalent	417 µg
freie Folsäure	4 µg

Seine Inhaltsstoffe wirken kraftvoller als alles bisher dagewesene

Vor allem aber ist der Granatapfel wegen seiner hohen Mengen antioxidativer sekundärer Pflanzenstoffe, wie Polyphenolen, bekannt. Polyphenole sind aromatische Verbindungen, die in Pflanzen als Farbstoffe (Flavonoide, Anthocyane), Geschmacksstoffe und Tannine vorkommen.

Der Saft des Granatapfels enthält wichtige Polyphenole, unter anderem Punicalagine, Crosmin und Gallussäure. Von besonderer Bedeutung für Ernährungs-Experten ist das Polyphenol Punicalagin, denn es liefert gut verfügbare Ellagsäure in gebundener Form, die sich nach Freisetzung im Körper besonders positiv auf unsere Gesundheit auswirkt.

Typischerweise enthält Granatapfelsaft 0,2 bis 1,0 % Polyphenole – mehr als Blaubeeren, Cranberrys, Grüner Tee oder Rotwein.

In einer aktuellen Studie wurde festgestellt, dass Granatapfelsaft die bisher potentesten Antioxidantien wie Rotwein, Blaubeersaft, Acaisaft und Cranberrysaft in sieben Testverfahren bei weitem übertraf. Granatapfelsaft hat die dreifache antioxidative Kraft von Rotwein oder Grünem Tee.

Die Polyphenole wirken antioxidativ, d. h., sie fangen zellschädigende freie Sauerstoffradikale ab. Diese können unter anderem Krebs, Nervenerkrankungen (z. B. Alzheimer und Parkinson) sowie Leberschäden verursachen.

Was macht den großen gesundheitlichen Nutzen der Granatapfel-Polyphenole aus?

Es ist schon lange bekannt, dass Pflanzenphenole beachtliche gesundheitsfördernde Eigenschaften haben und stark antioxidativ (zellschützend) wirken. Die Erkenntnis ließ sich bisher allerdings kaum nutzen. Denn die Phenole werden vom menschlichen Organismus nicht so leicht aufgenommen. Die Phenole im Granatapfel, auch Punicalagine genannt, bilden hier die große Ausnahme! Denn diese Granatapfel-Phenole sind 100 % wasserlöslich und weisen eine einzigartige Bioverfügbarkeit von 95 % auf. Damit besitzen die Punicalagine die stärkste Wirksamkeit gegen freie Radikale, die die Wissenschaft jemals in Nahrungsmitteln finden konnte.

Biochemisches Wunderwerk

Genauso einzigartig wie seine botanische Einzigartigkeit ist auch die Biochemie des Granatapfels. Der Granatapfel ist eine der reichsten Antioxidantienquellen.

Schale und Saft der Frucht	Reiche Quellen für antioxidative Polyphenole wie Anthocyanidine und Tannine. Besonderes Interesse besteht an der biologischen Aktivität der Punicalagine. Die Punicalagine sind für über 50 % der antioxidativen Aktivität des Granatapfels verantwortlich.
Kerne	Der Granatapfel ist die einzige pflanzliche Quelle des weiblichen Steroidhormons Östron*, das neben dem männlichen Hormon Testosteron und einem anderen weiblichen Hormon, Östriol, in dem Öl aus seinen Kernen enthalten ist. Auch ein Phytoöstrogen,

	Coumestrol, wurde identifiziert. Und kürzlich wurden 3 weitere östrogene Verbindungen, Luteolin, Quercetin und Kaempferol, im Granatapfel identifiziert. Wegen ihrer möglichen Rolle bei der Prävention hormonbedingter Krebsarten haben Phytoöstrogene in letzter Zeit immer mehr Aufmerksamkeit erregt.
Schale	In der Schale des Granatapfels wurden Gallokatechine und eine Reihe von Prodelphinidinen identifiziert.

Das Östron gehört zu den Östrogenen, den wichtigsten weiblichen Geschlechtshormonen. Nach der Menopause (= letzte Regel) ist das Östron ein sehr wichtiges Östrogen.

Was der Granatapfel wertvolles für Ihre Gesundheit bewirken kann

Der Granatapfel hat sich mittlerweile zu der „Gesundheitsfrucht“ schlechthin entwickelt. Es ist ein einzigartiges, natürliches Gesundheits-Mittel mit überragender antioxidativer Kraft: Der Granatapfel liefert mehr potente Antioxidantien als andere Früchte!

Über 250 wissenschaftliche Studien zeigen, dass der Granatapfel eine positive Wirkung bei Herz-Kreislauf-Erkrankungen und Krebs hat – und sogar eine Arteriosklerose umkehren kann.

Der Granatapfel wirkt durch seine antioxidative, entzündungshemmende und antimikrobielle Wirkung wie ein dreifach-Schutzschild für Ihren Körper!

Wie der Granatapfel in Ihrem Körper verwertet wird

Die für dic Wirkung entscheidenden Polyphenole des Granatapfels sind die natürlichen Punicalagine, die Ellagsäure in gebundener Form enthalten.

Freie Ellagsäure nützt nichts! Freie Ellagsäure ist nicht wasserlöslich und wird deshalb vom Körper praktisch nicht aufgenommen. Die Erkenntnis, dass Pflanzenphenole (sekundäre Pflanzenstoffe) beachtliche gesundheitsfördernde Eigenschaften haben und stark antioxidativ (zellschützend) sind, lässt sich nur dann ausnutzen, wenn Ellagsäure sicher in den Körper gelangt.

Sehr viel leichter hat es der Organismus mit den in Granatapfel enthaltenen Punicalaginen. Punicalagine sind 100 % wasserlöslich und weisen eine einzigartige Bioverfügbarkeit von 95 % auf! Punicalagine bringen gebundene Ellagsäure in den Körper und setzen sie dort frei. Dabei werden die großen Moleküle zu kleineren abgebaut.

Die Ellagsäure wird im Darm weiter zu den so genannten Urolithinen umgewandelt, die z. B. vor Krebs schützen.

Die Punicalagine im Granatapfel bilden im Pflanzenreich die große Ausnahme!

Denn diese Granatapfel-Phenole sind 100 % wasserlöslich und weisen eine einzigartige Bioverfügbarkeit von 95 % auf. Damit besitzen die Punicalagine die stärkste Wirksamkeit gegen Freie Radikale, die die Wissenschaft jemals in Nahrungsmitteln finden konnte.

Bei diesen Krankheiten ist die gesundheitsfördernde Wirkung des Granatapfels erforscht:

- Arteriosklerose
- Bluthochdruck
- Krebs
- Diabetes
- Wechseljahrsbeschwerden
- Bakterielle Infektionen
- Zahnplaque

Der Granatapfel als Superantioxidans

Die meisten Zivilisationskrankheiten wie Herz-Kreislauf-Erkrankungen, Rheuma, Diabetes, Allergien, Parkinson, Alzheimer, Grauer Star oder Krebs und auch der Alterungsprozess selbst werden nach heutiger wissenschaftlicher Meinung durch oxidative Schädigungen von Fetten, Eiweißen, Enzymen und Zellstrukturen, insbesondere der Erbinformation, verursacht.

Freie Radikale sind die Auslöser dieser oxidativen Schäden. Bei den gefürchteten Freien Radikale handelt es sich um Moleküle, mit mindestens einem ungepaarten Elektron, was sie besonders reaktionsfreudig macht. Denn diesen Verlust versuchen die ungepaarten Elektrone auszugleichen, indem sie einem anderen Molekül ein Elektron „klauen".

Dies löst eine immens schädigende Kettenreaktion aus, denn die beklauten Moleküle versuchen ihrerseits, anderen Molekülen ein Elektron zu entreißen. Diese Kettenreaktion beschädigt in Folge viele lebenswichtige Körperstrukturen.

Ihr Körper rostet von innen – Freie Radikale sind schuld

Ihr Körper ist jeden Tag einem „Beschuss“ von über 70.000 Freien Radikalen ausgesetzt. Dazu gehören Umweltgifte, Zigarettenrauch, Gifte, UV-Strahlen und Schwermetallrückstände in Nahrungsmitteln.

Freie Radikale werden außerdem als Abfallprodukte der körpereigenen Zellatmung gebildet. Kämpft Ihr Körper gegen Krankheitserreger, werden ebenfalls Freie Radikale eingesetzt. Je gestresster oder angeschlagener Ihr Körper ist, umso mehr Freie Radikale.

Daher ist Ihr Körper auf Hilfe von außen angewiesen. Denn der gestresste oder älter werdende Mensch kann den Freien Radikalen keine eigenen Abwehrmechanismen mehr entgegensetzen. Und genau hier kommt der Granatapfel ins Spiel.

Denn die antioxidativ wirkenden Granatapfel-Polyphenole fangen die freien Radikale ab, reagieren mit ihnen und machen sie so für den Körper unschädlich.

Dieser Effekt lässt sich im Reagenzglas mit dem so genannten TEAC-Test verfolgen. Mit Hilfe des TEAC-Test (Trolox Equivalent Antioxidative Capacity) kann die antioxidative Kapazität eines Stoffes festgestellt werden. Anhand einer Farbreaktion wird gemessen, wie effektiv das verwendete Antioxidans (z. B. Granatapfelsaft) in der Lage ist, das Freie Radikal zu eliminieren. Je höher der TEAC-Wert, desto größer die antioxidativen Eigenschaften.

Aktivierung des eigenen Schutzmechanismus

Der Granatapfel macht nicht nur die Freien Radikale unschädlich, er kurbelt gleichzeitig die körpereigenen Schutzsysteme an. Studien haben gezeigt, dass der Gesamt-Antioxidantien-Status im Blut bei Probanden nach der täglichen Gabe von einem Glas Granatapfelsaft um 130 % stieg!

Genau hier liegt das vielversprechende Potenzial des Granatapfels für eine optimale Herzgesundheit, Krebsschutz bzw. ein gehemmtes Krebswachstum, ein verjüngtes Hautbild, gestärkte Abwehrkräfte und und und.

Der Granatapfel als Protektor vor Herz-Kreislauf-Erkrankungen

Herz-Kreislauf-Erkrankungen schränken die Lebensqualität enorm ein. Mittlerweile stellen Sie die häufigste Todesursache dar; und das oft sehr frühzeitig im Leben eines Menschen. Darum ist es enorm wichtig, dass Sie Ihr Herz durch Prävention gesund halten. Oder erste Schäden bekämpfen, wenn Sie bereits an Herz-Kreislauferkrankungen leiden. Denn was früher als unmöglich galt, schafft nach neuesten Erkenntnissen der Granatapfel: Gefährliche Ablagerungen (Plaques) in den Arterien werden nicht nur verhindert, sondern bereits entstandener Plaque auch wieder abgebaut!

Der israelische Ernährungsmediziner Dr. Michael Aviram vom Rambam Medical Center in Haifa ist vor allem den gefäßschützenden Wirkungen dieser orientalischen Frucht auf der Spur. In einer Studie an 19 Patienten, die an Arteriosklerose (Arterienverkalkung) mit bereits verengter Halsschlagader litten, erwies sich der Granatapfel als außergewöhnlich wirksam. 10 Versuchsteilnehmer hatten bis zu drei Jahre lang täglich Granatapfelsaft zu sich genommen, die neun anderen einen Placebosaft (Placebo = Scheinarzneimittel).

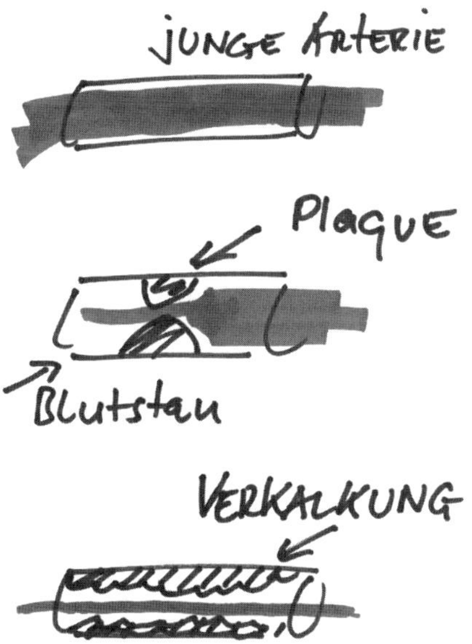

Granatapfel schützt Ihre Arterien nicht nur – er repariert auch bereits eingetretene Schäden.

Innerhalb eines Jahres war der systolische Blutdruck (erster Wert bei der Blutdruckmessung) der Granatapfel-Konsumenten um durchschnittlich 12 % gesunken. In der Placebogruppe gab es dagegen keinerlei Veränderungen. Die Verdickung der Halsschlagader wurde in der Gruppe, die täglich Granatapfelsaft trank, um bis zu 30 % gesenkt. In der Placebogruppe nahm sie hingegen um 9 % zu. Die schädliche Oxidation des LDL-Cholesterins (das „schlechte" Cholesterin), die zu den gefährlichen Ablagerungen führt, nahmen nur in der Granatapfelgruppe um 90 % ab.

Das bisherige medizinische Wissen, dass einmal gebildeter Plaque (Ablagerungen) für immer in den Wänden der Blutgefäße bleibt, ist damit wiederlegt! Durch die kraftvollen Wirkstoffe der „Paradiesfrucht".

Eine Studie aus der September-Ausgabe 2005 der amerikanischen Zeitschrift für Kardiologie untersuchte die Auswirkungen von Granatapfelsaft auf Patienten mit ischämischen Herzkrankheiten. Die ischämische Herzkrankheit (IHK) oder auch Koronare Herzkrankheit (KHK) ist eine Erkrankung der Herzkranzarterien (Koronararterien). Sie wird durch Arteriosklerose verursacht, die umgangssprachlich als Arterienverkalkung bezeichnet wird. 45 Testpersonen tranken in dieser Studie über drei Monate täglich ca. 250 Milliliter Granatapfelsaft oder nahmen ein Placebo zu sich. Bei einer Messung des Blutflusses vor und nach körperlicher Anstrengung, hatte die Gruppe, die Granatapfelsaft zu sich nahm, eine erhöhte Durchblutung im Herzmuskel vorzuweisen.

Setzen Sie besser auf natürliche Methoden

Die Medizin hingegen setzt bei Arterienverkalkung sofort Chemiebomben ein. Oder greift zum Messer und operiert. Es werden Symptome gelindert, nicht Erkrankungen behandelt und Lebensfreude wieder hergestellt. Nutzen Sie besser die Chance von Mutter Natur, die der Granatapfel bietet. Zur Stärkung Ihrer Arterien, zur Senkung Ihres Cholesterins und Ihres Blutdrucks!

Weitere beeindruckende Studienergebnisse

- In zwei Studien am Menschen **senkten** 50 ml Granatapfelsaftkonzentrat täglich, der über einen Zeitraum von einem Jahr eingenommen wurde, den **systolischen Blutdruck**.

  Als Blutdruck wird der Druck in den Schlagadern (Arterien) des Körperkreislaufs bezeichnet. Bei jedem Herzschlag schwankt er zwischen einem Maximalwert (systolischer Wert) und einem Minimalwert (diastolischer Wert).

- Der tägliche Konsum von 50 ml Granatapfelsaftkonzentrat über ein Jahr hinweg **reduzierte** in einer Studie an Menschen mit Arteriosklerose die **Verdickung der Arterien**.

- Mehrere Studien haben untersucht, ob der Granatapfelsaft den Cholesterinspiegel senken kann. Eine Studie an Menschen mit Diabetes und hohen Cholesterinspiegeln zeigte, dass konzentrierter Granatapfelsaft, der acht Wochen lang genommen wurde, die **Cholesterinspiegel senkte**.

Fazit: Der Granatapfel wirkt direkt fünffach gegen Herz-Kreislauf-Erkrankungen:

- antioxidativ
- blutdrucksenkend
- cholesterinsenkend
- antithrombotisch
- antientzündlich

Der Granatapfel hemmt Prostatakrebs im Wachstum

Prostatakrebs wird typischerweise bei Männern über 50 diagnostiziert. Prostatakrebs ist mit 200.000 Todesfällen pro Jahr die zweithäufigste Ursache von krebsbedingten Todesfällen in den westlichen Ländern. Jedes Jahr wird bei mehr als einer halben Million Männern weltweit Prostatakrebs diagnostiziert. Die niedrigsten Raten dieses Krebses findet man in Asien und dem Fernen Osten, besonders Indien und China.

Hat die Krankheit erst einmal Metastasen gebildet, sind die Aussichten für den Patienten schlecht. Daher kann eine Verzögerung des Fortschreitens der Krankheit die Lebensqualität dieser Patienten in bedeutendem Maß beeinflussen kann.

Granatapfel kann Prostatakrebs entgegenwirken

Seit Jahren ist bekannt, dass die in Pflanzen enthaltenen Stoffe präventiv bei Krebs wirken. Der Granatapfel nimmt hier eine Sonderstellung ein. Einerseits ist seine Wirkung herausragend, andererseits werden genau diese Behandlungserfolge äußerst gut durch Studienmaterial belegt! Denn neue Studien deuten darauf hin, dass der Granatapfelsaft bei Menschen eine chemopräventive sowie eine chemotherapeutische Wirkung gegen Prostatakrebs hat!

Granatapfel täglich kann Prostatakrebs in Schach halten

Eine Studie aus den USA zeigt, dass Granatapfel täglich die Gefahr, an Prostatakrebs zu erkranken, in Schach hält. Es war der erste klinische Versuch mit Granatapfel an Patienten mit erneut aufgetretenem Prostatakrebs dieser Art. Die Forscher der Universität von Kalifornien, Los Angeles, fanden heraus, dass die Polyphenole im Granatapfel in vivo (im Körper) helfen,

- die Spiegel von prostataspezifischem Antigen zu senken, (auch PSA; der PSA-Wert ist der entscheidende Verlaufsmarker bei Prostatakrebs: Je langsamer der PSA-Wert nach einer Therapie ansteigt, desto länger ist die Lebenserwartung)
- das Wachstum von Prostatakrebszellen zu hemmen und
- deren Apoptose – also den programmierten Zelltod – zu verursachen.

Die **Verdopplungszeit des PSA-Wertes** verzögerte sich bei diesen Patienten um den beachtenswerten Faktor 3 (!) – und zwar von 15 Monaten auf 54 Monate (im Vergleich zu der PSA-Verdopplungszeit von Prostatakrebskranken, die mit konventionellen Therapien wie Bestrahlung und Operation behandelt wurden).

Hemmung der Metastasenbildung

Von allen Menschen, die an Krebs erkrankt sind, sterben ca. 90 % nicht an dem ersten Tumor, der diagnostiziert wird, sondern an der Metastasenbildung. Auch hier zeigen Granatapfel-Polyphenole erstaunliche Ergebnisse: Sie hemmen die Ausbreitung des Tumors und damit die Bildung von Metastasen (Tochtergeschwulste), indem sie das Vordringen der Tumorzellen verhindern.

Diese Ergebnisse lassen hoffen, dass Männer, die bereits an Prostatakrebs erkrankt sind, mit Granatapfel möglicherweise eine weitaus höhere Lebenserwartung haben! Auch nebenwirkungsreiche Hormon- oder Chemotherapien werden wohl durch eine Granatapfelanwendung erst viel später oder überhaupt nicht notwendig!

Auch die Krebsentstehung wird durch den Granatapfel verhindert

Der Granatapfel ist nicht nur eine lebensverlängernde Wunderwaffe für Menschen, die bereits einmal an Krebs erkrankt waren. Der Granatapfel hat einen weiteren krebshemmenden Wirkmechanismus, denn er lässt Krebs gar nicht erst entstehen. Granatapfel-Polyphenole bremsen beispielsweise die Aktivierung krebs- und entzündungsfördernder Gene, indem sie mit der Zelle „kommunizieren". Die Polyphenole unterbrechen die Signalwege der Krebszellen und fördern auf diese Weise den kontrollierten Zelltod (Apoptose) und hemmen das Tumorwachstum.

Die positive Wirkung des Granatapfels auf andere Krebsarten

Granatapfel-Polyphenole hemmen die krebsfördernde Wirkung und die Bildung körpereigenen Östrogens. Dadurch beugen Sie Brustkrebs vor und unterstützen die Therapie von Brustkrebs. Ein internationales Forscherteam zeigte, dass Granatapfel-Polyphenole eine Brustkrebs-Wachstumshemmung von 80 % bewirken!

Hervorragende Eigenschaften zeigen Granatapfel-Polyphenole laut einer Studie auch in der Bekämpfung von Leukämie. Die Leukämiezellen konnten sich mit Hilfe der Granatapfel-Polyphenole wieder zu gesunden Zellen zurückbilden oder wurden in den programmierten Selbstmord (Apoptose) getrieben.

Weitere Studien zeigen Wirkungen gegen Darm- und Lungenkrebs. In zwei Studien aus dem Jahr 2007 reduzierte der Granatapfelsaft bei Mäusen mit Lungenkrebs nach 140 Tagen die Tumormasse um 62 % und nach 240 Tagen sogar um 66 % (im Vergleich zur Kontrollgruppe). An humanen Lungenkrebszellen wurden ähnliche Effekte festgestellt.

Darmkrebs ist mit eine der führenden Ursachen von Krebstodesfällen in den westlichen Ländern. Weltweit sind rund eine Million Männer und Frauen davon befallen, mehr als 500.000 sterben pro Jahr daran. Das Öl der Granatapfelkerne, das reich an Punicinsäure ist, zeigte eine chemopräventive Wirkung.

Der Granatapfel kann Männern helfen, die an Erektionsstörungen leiden

Der Granatapfel ist seit Jahrhunderten ein Fruchtbarkeitssymbol. Und das kommt nicht von ungefähr. Denn jetzt haben neueste Forschungsresultate der sich ständig erweiternden Liste von Gesundheitsvorteilen des Granatapfels einen weiteren Vorteil hinzugefügt.

Erektionsstörungen: Granatapfelsaft schenkt Betroffenen Hoffnung

US-amerikanische Forscher von The Male Clinic, Beverly Hills, und der Universität von Kalifornien, Los Angeles, haben herausgefunden, dass täglich Granatapfel helfen kann, Erektionsstörungen zu behandeln.

Die meisten Männer haben von Zeit zu Zeit Erektionsstörungen. Das ist ein Zustand, der den Blutfluss in den Penis beeinträchtigt. Dadurch ist eine Erektion unmöglich oder erschwert. Für bis zu 60 % der 50 Jahre alten Männer ist das ein chronisches Problem, aber auch junge Männer leiden heute verstärkt darunter.

Die Störung kann durch mehrere Faktoren, wie arterielle Ablagerungen, hohen Blutdruck, Herzkrankheiten, Diabetes, Nervenschäden, ein hormonelles Ungleichgewicht oder Depressionen verursacht werden.

Der Granatapfel als natürliches Potenzmittel

Mit Granatapfel-Polyphenolen haben 47 % der Männer eine Verbesserung erlebt

Die Forscher ordneten 61 männliche Probanden, die an leichten bis mäßigen Erektionsstörungen litten, zwei vierwöchige Einnahmeperioden zu, die durch eine zweiwöchige Neutralisierungsphase unterbrochen wurden. Die Probanden erhielten täglich entweder Granatapfel oder ein Placebo.

Am Ende des randomisierten, placebokontrollierten, doppeltblinden, Überkreuz-Pilotversuchs berichteten 47 % der Probanden von einer Verbesserung der Erektion nach dem Einsatz von Granatapfel, wogegen nur 32 % in der Placebophase von einer Verbesserung berichteten.

In einem Kommentar zu den Resultaten sagten die Forscher: Die Probanden hatten häufiger verbesserte Werte, wenn sie Granatapfel konsumierten.

Die Forscher glauben, dass die vorteilhaften Resultate durch den hohen Antioxidantiengehalt des Granatapfels bedingt sein könnten. Denn dieser verhindert, dass die Freien Radikale eine ordnungsgemäße Kreislauffunktion unterbrechen. Der regelmäßige Granatapfelkonsum verbessert also die Durchblutung und Erektionsfähigkeit des Penis deutlich.

Laut Forschungsleiter Dr. Harin Padma-Nathan, klinischer Professor für Urologie an der Keck School of Medicine, Universität von Südkalifornien, sind diese Resultate sehr ermutigend, da sie daraufhin deuten, dass es eine nicht invasive (ohne Operation) und nicht medikamentöse Möglichkeit gibt, dieses Problem der Lebensqualität, das so viele Männer betrifft, zu lindern.

Darüber hinaus zeigt eine türkische Studie, dass Granatapfel die Qualität und Beweglichkeit männlicher Spermien deutlich verbessert.

Fazit: Der Granatapfel schenkt Ihnen neu erwachte Liebeskraft!

Der Granatapfel stoppt entzündliche Erkrankungen

Eine Entzündung ist eigentlich ein lebenswichtiger Vorgang im Körper: Sie hilft dem Körper, Krankheitserreger abzutöten und Wunden zu heilen. Wird der entzündliche Prozess jedoch chronisch, kann dies auch zu Erkrankungen wie Herzinfarkt, Krebs, Diabetes, Alzheimer, Osteoporose, Arthritis und zahlreichen Autoimmunerkrankungen führen.

Der Körper versucht dann verstärkt mit Hilfe von zellschädigenden Freie Radikalen, die Erkrankung zu bekämpfen. Dieser oxidative Stress führt zu einer Erschöpfung der körpereigenen Antioxidantien. Somit ist der körpereigene Zellschutz verbraucht.

Die Granatapfel-Polyphenole wirken dem oxidativen Stress durch die Stärkung körpereigener Schutzsysteme entgegen. Darüber berichtet schon die altindische Naturheilkunde (Ayurveda).

Hilfe bei Arthritis und Arthrose

Die Aktivität der mit Entzündungen verbundenen Enzyme wurde laut Studienresultaten, die im Journal of Inflammation veröffentlicht wurden, bei Tieren gehemmt, denen ein Extrakt der Granatapfelfrucht gefüttert wurde.

Details der Studie:

Die Forscher fütterten vier Tiere mit dem Granatapfelextrakt, der 175 ml Granatapfelsaft entsprach, während zwei weitere, die Wasser anstatt des Extrakts erhielten, als Kontrolle dienten. Es wurden Blutproben entnommen, um die Entzündungs-Biomarker und die Antioxidantienspiegel zu messen.

Die Daten zeigten, dass die Antioxidantienspiegel im Blut der Tiere, die den Granatapfelextrakt erhielten, deutlich höher waren.

Außerdem war bei den mit Granatapfel gefütterten Tieren im Vergleich zu den kontrollierten die Aktivität der Entzündungsenzyme deutlich reduziert. Tatsächlich war die Aktivität des einen Entzündungsenzyms nach der Aufnahme des Extrakts um etwa 7 % reduziert, während die Aktivität des zweiten Entzündungsenzyms sogar um etwa 26 % zurückging.

Der Wirk-Mechanismus:

Die Granatapfel-Polyphenole wirken in erster Linie entzündungshemmend auf den Eicosanoidstoffwechsel ein.

Eicosanoide sind hormonähnliche Substanzen, die im Körper entzündliche Prozesse hervorrufen. Sie entstehen beim Fettstoffwechsel ungesättigter Fettsäuren. Genau diese Schlüsselenzyme, die beim Eicosanoidstoffwechsel die entzündlichen Prozesse fördern, dämmt der Granatapfel ein.

Die Studie war in erster Linie auf Arthritis konzentriert. Bei diesem Krankheitsbild haben die eingesetzten Granatapfelextrakte eindeutig eine Verlangsamung des schmerzhaften Knorpelverlusts bewirkt: Die Granatapfel-Polyphenole konnten deutlich den Ausbruch und Schweregrad der Arthritis lindern. Das Ausmaß der Knochen- und Knorpeldegeneration war geringer als in der Kontrollgruppe. Somit sind Granatapfelextrakte eine Alternative zu der Anwendung entzündungshemmender Medikamente, besonders im Hinblick auf wachsende Bedenken bezüglich der Nebenwirkungen.

Einige dieser Medikamente, die zu den am häufigsten verschriebenen Medikamenten weltweit gehören, werden mit einer Magen-Darm-Erkrankung, einem erhöhten Blutdruck und einem erhöhten Risiko für Herz-Kreislauf-Erkrankungen in Verbindung gebracht.

Auf den Menschen übertragen ist diese Studie enorm vielversprechend für die Prävention chronischer Entzündungen! Denn diese Ergebnisse bedeuten für Arthritis-Patienten einen Gewinn an Mobilität und Lebensqualität!

Der Granatapfel als nützlicher Zellschutz vor Grippe-Viren

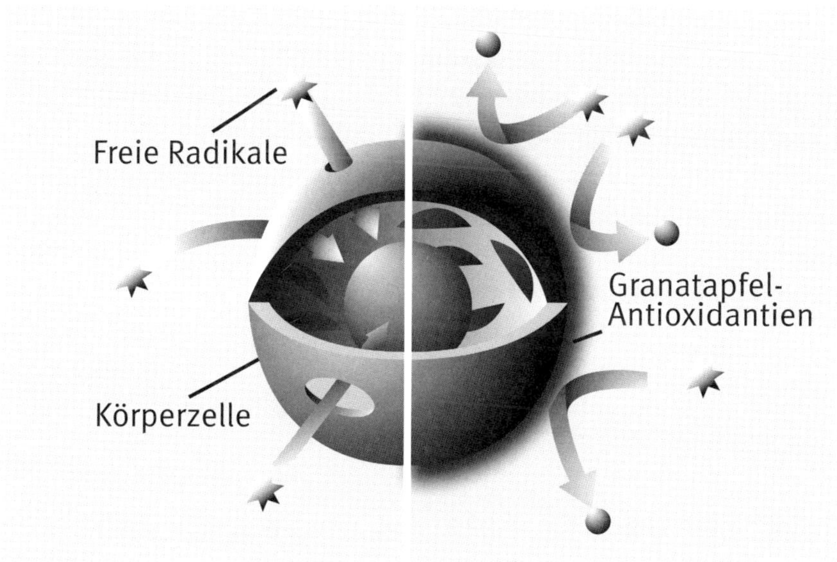

Schweinegrippe: Der Granatapfel als natürliches Mittel gegen Influenza-Viren

Auch wenn die Schweinegrippe nicht die gefürchteten Ausmaße angenommen hat, wie befürchtet, zeigen die immer dichter aufeinanderfolgenden Grippewellen: Es ist sinnvoll, Maßnahmen zu ergreifen, um das Ansteckungsrisiko zu minimieren.

Allerdings sind viele Menschen durch mögliche Nebenwirkungen des Grippe-Impfstoffs verunsichert. Möchten auch Sie sich nicht impfen lassen, gibt es nun endlich natürliche Alternativen, die Ihnen den nötigen Schutz bringen.

Denn neue Studien mit Granatapfel-Polyphenolen zeigen die beachtlichen antiviralen und antimikrobiellen Wirkungen dieser Frucht.

Neuste Studie aus 2009 bestätigt: Granatapfel-Punicalagine bekämpfen Influenza-Viren

Die renommierte Zeitschrift *Phytomedicine* veröffentlichte eine Studie, die zeigt, dass Granatapfel-Polyphenole bei Influenza-A-Grippeviren, zu denen auch das aktuelle „Schweinegrippe-Virus" zählt, die Vermehrung des Virus blockiert und den Virus dadurch abtötet. Für diese Wirkung sorgen die Punicalagine, die nur im Granatapfel vorkommen.

Achtung! Ein weiteres Ergebnis der Untersuchungen: Nehmen Sie bereits ein Grippe-Arzneimittel wie beispielsweise Tamiflu, wird die Behandlung durch eine gleichzeitige Aufnahme von Granatapfel-Polyphenolen noch wirksamer!

Jetzt mit dem Granatapfel vorbeugen und einen besseren Schutz aufbauen!

Die hochwertigen Granatapfel-Polyphenole in Kombination mit den enthaltenen Vitaminen, Mineralien, Spurenelementen und bioaktiven Pflanzenstoffen unterstützen Ihr körpereigenes Schutzsystem optimal und vor allem auf natürliche Weise!

Das ungeahnte Heilpotenzial des Granatapfels für Ihr Immunsystem

Ein amerikanisches Forscher-Team um Prof. A. R. Neurath hat im Saft des Granatapfels sogar Substanzen entdeckt, die den Eintritt des HI-Virus in die Zelle und damit eine Infektion verhindern können. Die Forscher unternahmen Tests mit verschiedenen HIV-Stämmen und deckten so auf, nach welchem

Mechanismus die Virusbindung und damit die Infektion durch die Granatapfel-Polyphenole gehemmt wird.

Neben der aufsehenerregenden antiviralen Wirkung gegen HIV-Viren haben Granatapfel-Polpyhenole auch einen starken Effekt gegen Malaria-Parasiten, verschiedene Bakterien (Reddy et al., 2007) und Grippe-Influenza-Viren (Haidari et al., 2009) sowie gegen Bakterien wie Corynebacterium (Diphterie-Auslöser), Staphylokokken, Streptokokken (verursachen z. B. Hirnhaut- und Lungenentzündungen), Salmonellen, und Escherichia coli (Naz et al., 2007).

Achtung! Auch hier gilt: Erwiesenermaßen verbessert der Granatapfelextrakt die Aktivität von Antibiotika und verlängert so die Wirkdauer dieser Medikamente. Unterstützen Sie also ruhig Ihre Antibiotikum-Therapie mit dem wertvollen Granatapfel!

Der Granatapfel beschützt Sie vor Alzheimer

Die Alzheimer-Erkrankung und Parkinson sind einerseits erblich bedingt, andererseits werden die Krankheiten durch oxidativen Stress und Entzündungsprozesse begünstigt.

Alzheimer wird maßgeblich durch ein Protein namens Beta-Amyloid ausgelöst, dass sich im Gehirn ablagert. Eine Studie hat sich genau mit diesem Ablagerungsprozess beschäftigt und nachgewiesen, dass Granatapfel die Proteinablagerungen um ca. 50 % reduziert.

Außerdem hemmen die Granatapfel-Polyphenole die Produktion von Entzündungszellen im Gehirn.

Von dieser antioxidativen Schutzwirkung profitieren auch andere Organe wie zum Beispiel die Leber und die Magenschleimhaut.

Vergesslich? Nicht mit Granatapfel.

TIPP: Nehmen Sie Acetylsalicylsäure, schützen Sie Ihre empfindliche Magenschleimhaut, indem Sie Ihren Körper zusätzlich mit Granatapfel unterstützen!

Granatapfel: Weniger Folgeschäden bei Diabetes

Bei Diabetikern treten arteriosklerotische Gefäßveränderungen besonders früh auf und verlaufen beschleunigt. Oxidativer Stress durch Freie Radikale ist dabei der Schlüsselmechanismus.

Positive Effekte auf den Lipid- und Zuckerstoffwechsel

Der Granatapfel hat bei Diabetikern eine

- gefäßschützende und
- cholesterinsenkende Wirkung.

Granatapfel-Polyphenole haben sogar die bemerkenswerte Fähigkeit, die Zuckeraufnahme zu senken und die postprandiale Hyperglykämie (Ansteigen des Blutzuckerspiegels nach Verzehr einer Mahlzeit) zu verbessern!

Positive Effekte für Diabetiker konnten im Jahr 2006 in einer Untersuchung an Menschen bestätigt werden: Israelische Forscher des Rambam Medical Centre in Haifa behandelten 10 nicht insulinabhängige Diabetiker drei Monate lang jeden Tag mit 50 ml Granatapfelsaft. Dadurch sank der Gehalt so genannter Lipidperoxide im Blut um 56 %. Lipidperoxide entstehen bei der Oxidation von Fettsäuren durch Freie Radikale. Sie spiegeln also den oxidativen Stress im Körper wider, der durch Freie Radikale hervorgerufen wird und bei Diabetes erhöht ist. Sie lassen die gefürchteten Diabetes-Folgeschäden wie Arteriosklerose, Herzinfarkt, Netzhautablösung oder Nervenschäden entstehen.

Da die Blutgefäße von Diabetikern aufgrund ihrer veränderten Stoffwechsellage besonders gefährdet sind, ist die gefäßschützende Wirkung der Granatapfel-Polyphenole von enormem Vorteil für Betroffene!

Gesamtcholesterinstoffwechsel sinkt

Diabetiker mit Fettstoffwechselstörungen und erhöhten Cholesterinwerten tranken über eine Zeitraum von acht Wochen täglich 30 ml Granatapfelsaftkonzentrat (Esmaillzadeh et al., 2006). Nach dieser Zeit stellten die Forscher eine enorme Verminderung des schlechten LDL-Cholesterins und des Gesamt-Cholesterins fest. Die Triglyceridwerte und das gute HDL-Cholesterin blieben unverändert.

Der Granatapfel und seine hilfreiche Wirkung bei Wechseljahrsbeschwerden

Vor nicht allzu langer Zeit fanden japanische Forscher heraus, dass der Granatapfel reich an Phyto-Östrogenen, vor allem an Östron ist. Östron ist ein mild wirksames Östrogen, welches den weiblichen Sexualhormonen gleicht.

Der Granatapfel hat durch seinen hohen Gehalt an Östron eine positive Wirkung auf die typischen Wechseljahrsbeschwerden. Das im Granatapfel enthaltene Östron wirkt sich positiv auf die Gebärmutter, die Vaginalschleimhaut und die Libido aus. Durch seine hormonregulierende Wirkung kann der Granatapfel als natürliche Hormonsubstitutionstherapie verwendet werden. Viele Frauen bestätigen die gute Wirkung des Granatapfels auch bei Stimmungstiefs, Vitalitätsverlust und Hitzewallungen.

Aber auch Frauen mit hormonellen Ungleichgewichten in den Wechseljahren profitieren von Granatapfel, denn er lindert die typischen Beschwerden. Oft tritt sogar eine völlige Beschwerdefreiheit ein.

Nebenbei fördern die Phytohormone schöne Haare, feste Nägel und ein klares, jugendliches Hautbild!

Der Granatapfel als Aphrodisiakum

Die lustfördernde Wirkung des Granatapfels geht auf seinen entspannenden Effekt auf die Blutgefäße zurück, wodurch die Durchblutung gefördert wird – gut für die Herzgesundheit, aber auch für das Liebesleben von Mann und Frau. Dabei ist der Granatapfel für Mann und Frau gleichermaßen von Bedeutung. Er unterstützt die körpereigene Hormonproduktion, stellt bei Hormonmangel ein Gleichgewicht wieder her.

Der Granatapfel ist eines der bekanntesten Aphrodisiaka der Welt. Schon seit Jahrhunderten wird Granatapfel mit Liebe und Erotik verbunden. Das einzigartige Aroma des Granatapfels erinnert an 1001 Nacht. Der Granatapfel verkörpert für viele Sinnlichkeit, Erotik und Fruchtbarkeit. Besonders die Kerne symbolisieren die Fruchtbarkeit, während die Granatapfelblüten die ewige Liebe darstellen.

Der Granatapfel als Kosmetikum

Wenn der Mensch zu viel UV-Strahlung ausgesetzt ist, besonders UV-B-Strahlung, verursacht das viele Nebenwirkungen, wie Sonnenbrand oder Hautkrebs. Im ersten Schritt altert die Haut jedoch. Aber auch hier kann der Granatapfel helfen: Denn es wurde nachgewiesen, dass der Granatapfel die Haut vor den nachteiligen Wirkungen der UV-B-Strahlung schützt.

Worauf es bei der Auswahl des Granatapfelextrakts ankommt

Natürlich hilft ein Glas Granatapfelsaft am Tag. Aber: In Granatapfelsaft ist nicht alles drin!

Herkömmlicher Granatapfelsaft liefert Ihnen nicht das volle Spektrum an bioaktiven Inhaltsstoffen, denn:

- Es wird nicht die gesamte Frucht zur Saftherstellung verwendet.
- Viele der wertvollen Bestandteile werden beim reinen Auspressen des Fruchtfleisches nicht herausgelöst.

Granatapfelsaft enthält außerdem viel Zucker und weitaus mehr Kalorien als an Antioxidantien reiche und zuckerfreie Granatapfelextrakte. Der Zucker wird den Granatapfelsäften teilweise aus Geschmacksgründen zugesetzt.

Um die volle Kraft dieser Frucht spüren zu können, sollten Sie daher ergänzend einen Granatapfelextrakt zu sich nehmen.

Gute Granatapfelextrakte enthalten das volle Spektrum an Punicalaginen, Ellagitanninen, Flavonoiden, Anthocyaninen, Gallotanninen und anderen Polyphenolen aus der ganzen Granatapfelfrucht.

Allerdings ist es für den Verbraucher oft sehr schwer, ein qualitativ hochwertiges Granatapfelprodukt von einem minderwertigen zu unterscheiden.

Denn: Granatapfelprodukte weisen große Unterschiede in der Qualität und im Gehalt an wirksamen Polyphenolen auf. Dies betrifft nicht nur die Säfte, sondern auch Granatapfelextrakte.

Achtung! Enorme Qualitätsunterschiede

Forscher der Universität Kalifornien, Los Angeles, haben auf Grund der schwierigen Beurteilung, ob ein Granatapfelextrakt wertvoller als der andere ist, diverse Granatapfel-Nahrungsergänzungsmittel untersucht.

Gegenstand der Untersuchung war die Menge zweier Polyphenole:

- Punicalagine (bewirken ca. 50 % der antioxidativen Aktivität der Frucht) und
- freie Ellagsäure.

Die Resultate zeigten enorme Qualitätsabweichungen:

Punicalagin: Von sieben Produkten enthielten

- nur drei wirksame Punicalagin-Konzentrationen,
- zwei nur Punicalagin-Spuren,
- zwei überhaupt keine nachweisbaren Mengen.

Freie Ellagsäure: Seltsamerweise enthielten alle Produkte freie Ellagsäure; auch die, die keine Punicalagine aufwiesen. In der Natur ist dies unmöglich. Dass die Forscher Ellagsäure ohne Punicalagine gefunden haben, deutet darauf hin, dass die Punicalagine möglicherweise während der Verarbeitung des Produkts zerstört und in andere Verbindungen umgewandelt wurden oder dass die Produkte illegal mit künstlicher Ellagsäure „gestreckt" wurden, um die Aussagen bezüglich der Gesamtmenge von Polyphenolen auf dem Etikett zu verbessern.

Worauf es wirklich ankommt:

Auf Punicalagine, die Ellagsäure in gebundener Form enthalten. Die sind bis 10-mal stärkere Antioxidantien als künstlich angereicherte Ellagsäure.

Achtung! Seien Sie vorsichtig bei künstlich erzeugter Ellagsäure! Granatapfelfrüchte enthalten keine freie Ellagsäure. Beim Granatapfel kommt es auf die natürlichen Punicalagine an. Nur diese enthalten die wertvolle Ellagsäure in gebundener Form. Nur ein Granatapfelextrakt, der nach einem speziellen, sehr schonenden Extraktionsverfahren gewonnen wird, zeichnet sich durch besondere Qualität aus. So wird sichergestellt, dass die für Ihre Gesundheit wichtigen Säuren in einer hochaktiven Form erhalten bleiben. Nur ein rein natürlich hergestellter Granatapfelextrakt garantiert Ihnen, dass die wertvollen Granatapfel-Polyphenole in ihrer natürlichen Form vorliegen, so, wie sie auch in Lebensmitteln enthalten sind. Das ist für den Nutzen in Ihrem Organismus von entscheidender Bedeutung!

Es kommt auf die Ganzheitlichkeit an

Was diese Untersuchungen auch zeigen: Für die vielen gesundheitlichen Wirkungen ist die besondere Kombination aller Inhaltsstoffe des Granatapfels entscheidend. Denn die einzelnen Stoffe sind für sich genommen zwar wirkungsvoll. Aber nur im Zusammenspiel kommt die Synergie vieler Inhaltsstoffe zustande; die Stoffgruppen verstärken sich gegenseitig in ihrer Wirkung. Insbesondere sind dies:

- Punicalagine, deren niedermolekularer Baustein Ellagsäure ist und
- deren Stoffwechselprodukte Urolithine
- Gallussäure und Gallotannine
- Organische Säuren wie Zitronensäure
- Flavonoide wie Catechine
- Anthocyane
- Phytoöstrogene wie Quercetin, Phlorizidin, Luteolin und Kaempferol
- Phenolsäuren wie Chlorogensäure, Kaffeesäure und Protocatechinsäure

Deshalb sollten Sie solche Präparate meiden, die nur einzelne Inhaltsstoffe (z. B. nur Ellagsäure) enthalten.

Nur wenn die gesamte Granatapfelfrucht, einschließlich der Schale und der Kerne, vollständig extrahiert wird, erhält man alle wertvollen Antioxidantien: Punicalagine, Ellagitannine, Flavonoide, Anthocyanine, Gallotannine und anderen Polyphenole.

Achten Sie daher auf ein Produkt, das das breite, natürliche Vollspektrum bioaktiver Stoffe aus der ganzen Granatapfelfrucht enthält!

Achtung! Während viele Forschungsgruppen versuchen, in medizinischen Nahrungsmitteln einzelne aktive Inhaltsstoffe zu finden, findet mittlerweile eine Verschiebung dieses Denkmusters statt. Der Grund dafür ist, dass mehrere Phytochemikalien, die in einer komplexen Lebensmittelmatrix enthalten sind, einen besseren Schutz bieten, und zwar durch ergänzende, additive oder synergistische Wirkungen. Deshalb ist der Verzehr vollwertiger Lebensmittel und der daraus stammenden Extrakte eine attraktive Ernährungsstrategie zur Prävention oder Verzögerung des Ausbruchs mehrerer chronischer Krankheiten beim Menschen. Einzelne Komponenten sind sinnlos. Erst in der Gesamtheit können die Stoffe ihre volle antioxidative Aktivität entfalten.

Worauf Sie beim Kauf achten sollten

Bei den meisten Granatapfel-Produkten sind die Mengenangaben der Wirkstoffe sehr uneinheitlich. Bei einigen Produkten ist die Menge der Polyphenole pro Portion (z. B. 250 ml) angegeben. Bei anderen Produkten sind spezielle Polyphenole, wie Punicalagine oder Ellagsäure, aufgeführt. Bei wieder anderen Produkten finden Sie überhaupt keine Informationen zu diesen Verbindungen. Das ist insbesondere bei Säften und einigen Konzentraten der Fall.

Verwenden Sie nur Produkte mit konkreten Mengenangaben

Wenn Sie ein hochwertiges Granatapfel-Produkt suchen, ist es daher ratsam, nur Produkte in Ihre Auswahl einzubeziehen, auf denen die Menge der gesamten und speziellen Polyphenole angegeben ist.

Ob die Produkte diese Versprechen auch erfüllen und ob die Polyphenole wirklich aus dem Granatapfel stammen oder künstlich hinzugefügt werden, lässt sich leider auch auf diese Weise nicht klären.

Herkömmliche Granatapfelextrakte sind auf 40 % Ellagsäure standardisiert, obwohl bekannt ist, dass freie Ellagsäure schwer löslich ist und vom Körper kaum aufgenommen wird.

Dazu kommt: Diese Präparate werden meist nur aus einzelnen Bestandteilen des Granatapfels hergestellt. Außerdem stammt die enthaltene Ellagsäure meistens aus chinesischen Holz-Extrakten und gar nicht aus der Granatapfelfrucht!

Das Ganze ist mehr als die Summe seiner Teile, wie schon Aristoteles sagte. Suchen Sie daher nach einem Produkt, dass alle wertvollen Bestandteile der Granatapfelfrucht und mindestens 180 mg natürliche Punicalagine pro Tagesportion enthält.

Wie die Herstellung die Qualität des Granatapfelextrakts beeinflusst

Ganz einfach zusammengefasst: Verwenden Sie nur Granatapfelprodukte, die nicht durch Erhitzen oder mit Hilfe chemischer Lösungsmittel hergestellt werden.

Die meisten handelsüblichen Granatapfelextrakte werden durch Hitzetrocknung hergestellt. Die hohen Temperaturen im Herstellungsverfahren der Granatapfelextrakte lassen die Polyphenole oxidieren, was sie schlecht resorbierbar macht. Damit ist natürlich die gesundheitsförderliche Wirkung nicht mehr gegeben.

Wie Sie ein billiges Herstellungsverfahren erkennen können

Im Labor kann man durch die Anfertigung eines Polyphenol-Fingerprints eindeutig erkennen, ob die Inhaltsstoffe eines Granatapfelextrakts mit denen eines natürlichen Saftes aus dem Fruchtmark identisch sind.

Seriöse Hersteller führen die Angaben zum Herstellungsverfahren auf den Etiketten an oder geben Ihnen dazu gern Auskunft.

Am sichersten ist ein spezielles, sanftes Extraktionsverfahren aus Frankreich, das die wertvollen Punicalagine aus den ganzen Granatäpfeln extrahiert.

Dabei handelt es sich um ein relativ aufwendiges Verfahren, bei dem bei tiefen Temperaturen und unter vermindertem Druck das Wasser entfernt wird. Der schonende Prozess gewährleistet im Gegensatz zur Hitzetrocknung den Erhalt der wertvollen Pflanzenstoffe in hochaktiver Form.

Nur bei einer schonenden Extraktion bleiben die wertvollen Punicalagine mit einem hohen Gehalt von mindestens 45 % erhalten.

Sanfte Extraktion = gute Verwertbarkeit für den Körper

Bei diesen Verfahren entsteht ein Pulver mit einer großen Oberfläche, was es schnell löslich macht. Dies ist für den Resorptionsvorgang im Körper sehr förderlich, denn nur die Substanzen, die in den Verdauungssäften in gelöster Form vorliegen werden resorbiert, also vom Körper aufgenommen und verwertet.

Wie viel Granatapfel Ihrer Gesundheit gut tut

Die Empfehlungen hinsichtlich der Dosierung gehen sowohl bei Medizinern als auch den Herstellern sehr weit auseinander. Ebenso sind die Konzentrationen der Granatapfelprodukte sehr unterschiedlich.

Als empfehlenswert haben sich – über viele Studien hinweg – 300 - 500 mg Granatapfel-Polyphenole am Tag herauskristallisiert.

Allerdings kommt es darauf an, dass Sie einen Extrakt mit einem besonders hohen und garantierten Gehalt an Punicalaginen (mindestens 45 %) auswählen. Denn es sind die Punicalagine, die die wertvolle Ellagsäure in gebundener Form enthalten und diese damit erst für unseren Körper verfügbar machen.

Viele Granatapfel-Mittel enthalten deutlich weniger Punicalagine oder zugesetzte, freie Ellagsäure, die der Körper gar nicht aufnehmen kann! Ellagsäure ist ein hochpotentes Antioxidanz, in freier Form jedoch nicht wasserlöslich und kaum bioverfügbar.

Gute Granatapfelprodukte enthalten Ellagsäure nur in gebundener Form – als Punicalagine. Da Punicalagine 100 % wasserlöslich sind, werden sie sehr gut vom Körper aufgenommen. Punicalagine bringen natürliche Ellagsäure in den Körper. Im Körper selbst wird aus ihnen die wertvolle Ellagsäure freigesetzt. Ein wahrer Schutzschirm für die Gesundheit.

Am sinnvollsten ist es, wenn Sie morgens und abends ein Granatapfelprodukt ergänzen – und das am besten regelmäßig. Selbst wenn Sie bestimmte Medikamente gegen Herz-Kreislauf-Erkrankungen einnehmen, sind keine Wechselwirkungen bekannt.

Im Rahmen einer Bioverfügbarkeitsstudie (Studie zur Aufnahme der Aktivstoffe in den Körper) wurde bestätigt, dass eine erhöhte Tagesmenge Granatapfelextrakt (mindestens 360 mg Punicalagine) zur schnelleren und höheren Verfügbarkeit der wertvollen Stoffe – vor allem der Punicalagine und der Ellagsäure – führt. So können gesundheitlich positive Effekte noch schneller erzielt und auf Dauer aufrecht erhalten werden.

Frauen und Männer ab 50 Jahren sind einem erhöhten Risiko für die Entstehung altersbedingter Erkrankungen, wie Krebs oder Arteriosklerose, ausgesetzt. Daher sollten alle ab 50 Jahren sogar die doppelte Menge Granatapfelextrakt nehmen.

FAZIT

Schon eine alte Weisheit verweist auf die heilende Wirkung des Granatapfels in seiner Ganzheit:

*„Wenn ihr den Granatapfel esst,
dann esst ihn mit dem Fruchtfleisch,
denn dieses gerbt den Magen,
und ein jegliches Körnchen,
welches sich im Magen eines
Menschen befindet,
erleuchtet sein Herz."*

Beherzigen Sie dies – dann werden auch Sie von dem ungeahnten Heilpotenzial dieser alten Kulturpflanze profitieren!

Quellenverzeichnis

Abd El Wahab SM, El Fiki SF, Mostafa SF, et al. Characterization of certain steroid hormone in Punica granatum L. seeds, Bulletin of the Faculty of Pharmacy of Cairo University, 1998, 36:11-15.

Afaq F, Malik A, Syed D, et al. Pomegranate fruit extract modulates UVB-mediated phosphorylated mitogen-activated protein kinass and activation of nuclear kappa B in normal human epidermal keratinocytes, Photochem. Photobiol., 2005, 81:38-45.

Ahmed S, Wang N, Hafeez BB, et al, Punica granatum L. extract inhibits IL-1beta-induced expression of matrix metalloproteinases by inhibiting the activation of MAP kinases and NFkappaB in human chondrocytes in vitro, J. Nutr., 2005, 135:2096-102.

Ajaikumar KB, Asheef M, Babu BH, et al. The inhibition of mucosal injury by punica granatum (Pomegranate) methanolic extract, J. Ethnopharmacol., 2005, 96:171-76.

Albrecht M, Jiang W, Kumi-Diaka J, et al. Pomegranate extracts potentially suppress proliferation, xenograft growth and invasion of human prostate cancer cells, J. Med. Food, 2004, 7:274-83.

Arao K, Wang YM, Inoue N, et al. Dietary effect of pomegranate seed oil rich in 9cis, 11trans, 13cis- conjugated linolenic acid on lipid metabolism in obese, hyperlipidemic rats, Lipids Health Dis., 2004, 3:24.

Aslam MN, Lansky EP, Varani J, Pomegranate as a cosmoceutical source: Pomegranate fractions promote proliferation and procollagen synthesis and inhibit matrix metalloproteinase-1 production in human skin cells, J. Ethnopharmacol., 2005, Oct 8.

Aviram M, Dornfeld L, Rosenblat M, et al. Pomegranate juice consumption reduces oxidative stress, atherogenic modifications to LDL, and platelet aggregation: studies in humans and in atherosclerotic apolipoprotein E-deficient mice, Am. J. Clin. Nutr., 2000, 71:1062-76.

Aviram M, Domfeld L, Pomegranate juice consumption inhibits angiotensin converting enzyme activity and reduces sytolic blood pressure, Atherosclerosis, 2001, 158:195-98.

Aviram M, Domfeld L, Kaplan M, et al. Pomegranate juice flavonoids inhibit low density lipoprotein oxidation and cardiovascular diseases: studies in atherosclerotic mice and humans, Drugs Exp. Clin. Res., 2002, 28:49-62.

Aviram M, Rosenblat M, Gaitini D, et al. Pomegranate juice consumption for 3 years by patients ith carotid artery stenosis reduces common carotid intima-media thickness, blood pressure and LDL oxidation, Clin. Nutr., 2004, 23:423-33.

Barnes PJ, Karin M, Nuclear factor-kappaB: a pivotal transcription factor in chronic inflammatory diseases, N. Engl. J. Med., 1997, 336:1066-71.

Braga C, Leite AA, Xavier KB, et al. Synergic interaction between pomegranate extract and antibiotics against Stalhylococcvus aureus, Can. J. Microbiol., 2005, 51:541-47.

Braga LC, Shupp JW, Cummings C, et al. Pomegranate extractinhibits Staphylococcus aureus growth and subsequent enterotoxin production, J. Ethnopharmacol., 2005, 96:335-39.

Cerda B, Ceron JJ, Tomas-Barberan Fa, et al. Repeated oral adminstration of high doses of the pomegranate ellagitannin punicalagin to rats for 37 days is not toxic, J. Agric. Food Chem., 2003, 51:3493-501.

Cerda B, Espin JC, Parra S, et al. The potent in vitro antioxidant ellagitannins from pomegranate juice are metabolized into bioavailable but poor antioxidant hydroxy-6H-dibenmzopyran-6-one derivatives by the colonic microflora of healthy humans, Eur. J. Nutr., 2004, 43:205-20

Cerda B, Liorach R, Ceron JJ, et al. Evaluation of bioavailability and metabolism in the rat of punicalagin, an antioxidant polyphenol from pomegranate juice, Eur. J. Nutr., 2005, 42: 18-28.

Chidambara Murthy KN, Jayaprakasha GK, Singh RP, Studies on antioxidant activity of pomegranate (Punica granatum) peel extract using in vivo models, J. Agric. Food Chem., 2002, 50:4791-95.

De Negris F, William-Ignarro S, Lerman LO, et al. Beneficial effects of pomegranate juice on oxidation-sensitive genes and endothelial nitric oxide synthase activity at sites of perturbed shear stress, Proc. Natl. Acad. Sci USA, 2005, 102:4896-901.

DiDonato JA, Hayakawa M, Rothwarf DM, et al. A cytokine-responsive IkappaB kinase that activates the transcription factor NF-kappaB, Nature, 1997, 388:548-554.

Du CT, Wang PL, Francis PJ, Anthocyanins of pomegranate, Punica granatum, J. Food Sci., 1975, 40:417-18.

El-Shaarawy MI, Nahpetian A, Studies on pomegranate seed oil, Fette Sefen Anstrichm., 1983, 83:123-26.

Gaieni I, et al. Concentrated pomegranate juice improves lipid profile in diabetic patients with hypercholesterolemia, J. Med. Food, 2004, 7:305-08.

Gaig P, Botey J, Pena M, et al. Allergy to pomegranate (Punica granatum), J. Investig. Allergol. Clin. Immunol., 1992, 2:216-18.

Gil MI, Tomas-Barberian FA, Hess-Pierce B, et al. Antioxidative activity of pomegranate juice and its relationship with phenolic composition and processing, J. Agric. Food Chem., 2000, 48:4581-89.

Hagerman AE, Riedel KM, Jones GA, et al. High molecular plant phenolics (tannins) are biological antioxidants, J. Agric. Food Chem., 1998, 46:1887-92.

Heftaman E, Bennett ST, Identification of estrone in pomegranate seeds, Phytochemistry, 1966, 5:1367-79.

Huang TH, Peng G, Kota BP, et al. Pomegranate flower improves cardiac lipid metabolism in diabetic rat model: role of lowering circulating lipids, Br. J. Pharmacol., 2005, 145:767-74.

Huang TH, Yeng Q, Herada M, et al. Pomegranate flower extract diminishes cardiac fibrosis in Zucker diabetic fatty rats: Modulation of cardiac endothelin-1 and nuclear factor-kappaB pathways, J. Cardiovasc. Pharmacol., 2005, 46:856-62.

Igra JM, Cuesta J, Cuevas M, et al. Adverse reaction to pomegranate ingestion, Allergy, 1991, 46:472-74.

International Journal of Impotence Research (Nature Publishing) Advance online publication 14 June 2007; doi: 10.1038/sj.ijir.3901570.

Jemal A, Murray T, Ward E, et al. Cancer statistics 2005, CA Cancer J. Clin., 2005, 55:10-30.

Journal of Inflammation; Open access journal, available **here** *"Bioavailable Metabolites of Pomegranate (Punica granatum L) Fruit Extract Preferentially Inhibit COX2 Activity ex vivo and IL-1b-induced PGE2 Production in Articular Cartilage Chondrocytes in vitro";* Autoren: M. Shukla, K. Gupta, Z. Rasheed, K.A. Khan, T.M. Haqqi.

Kaplan M, Hayek T, Raz A, et al. Pomegranate juice supplementation to atherosclerotic mice reduces macrophage lipid peroxidation, cellular cholesterol accumulation and development of atherosclerosis, J. Nutr., 2001, 131:2082-89.

Kawaii S, Lansky EP, Differentiation-promoting activity of pomegranate (Punica granatum) fruit extracts in HL-60 human promyelocytic leukemia cells, J. Med. Food, 2004, 7:13-18.

Kohno H, Suzuki R, Yasui Y, et al. Pomegranate seed oil rich in conjugated linolenic acid suppresses chemically induced colon carcinogenesis in rats, Cancer Sci., 2004, 95:481-86.

Langley P, Why a pomegranate? BMJ, 2000, 321:1153-54.

Lansky EP, Jiang W, Mo H, et al, Possible synergistic prostate cancer suppression by antomically discrete pomegranate fractions, Ivest. New Drugs, 2005, 23:11-20.

Lansky EP, Harrison G, Froom P, et al. Pomegranate (Punica granatum) pre chemicals show possible synergistic inhibition of human PC-3 prostate cancer cell invasion across Matrigel, Invet. New Drugs, 2005, 23:121-22.

Li Y, Wen S, Kota BP, et al. Punica granatum flower extract, a potent alpha glucosidase inhibitor, improves postprandial hyperglycemia in Zucker diabetic fatty rats, J. Ethnopharmacol, 2005, 99:239-44.

Lo Cocco F, Zelent A, Kimchi A, et al. Progress in differentiation induction as a treatment for acute promyelocytic leukemia and beyond, Cancer Res., 2002, 62:5618-21.

Malik A, Afaq F, Sarfaraz S, et al. Pomegranate fruit juice for chemoprevention and chemotherapy of prostate cancer, Proc. Natl. Acad. Sci. USA, 2005, 102:14813-18.

Malinin NL, Boldin MP, Kovalenko AV, et al. MAP3K-related kinase involved in NF-kappaB inductiuon by TNF, CD95, and IL-1, Nature, 1997, 385:540-44.

McCarty MF, Activation of PPAR-γ may mediate a portion of the anticancer activity of conjugated linoleic acid, Med Hypotheses, 2000, 55:187-88.

Meyer W, Gorner A, Andra K, Punicalagin und Punicalin 2 Gerbstoffe aus den Schalen des Granatapfels, Leibzig, Ann. Chem., 1977, 1976-86.

Moneam NMA, El Sharaky AS, Baderldin MM, Oestrogen content of pomegranate seeds, J. Chromatogr., 1988, 438:438-42.

Mori-Okomoto J, Otawara-Humomoto Y, Yamato H, et al. Pomegranate extract improves a depressive state and bone properties in menopausal sydrome model of overiectomized mice, J. Ethnopharmacol., 2004, 92:93-101.

Murray T, et al. Cancer statistics, 2002, CA Cancer J. Clin., 2002, 52:123-47.

Murthy KN, Reddy VK, Veigas JM, Murthy UD, Study on wound healing activity of pomegranate peels, J. Med. Food, 2004, 7:256-59.

Neurath AR, Strick N, Li YY, et al., BMC Infect. Dis., 2004, 4:41.

Noda Y, Kaneyuki T, Mori A, Packer I, Antioxidant activities of pomegranate fruit extract and its anthocyanidins: delphinidin, cyanidin and pelargonidin, J. Agric Food Chem., 2002, 50:186-71.

Pfeffer U, Ferrari N, Morini M, et al. Antiangiogenic activity of chemopreventive drugs, Int. J. Biol. Markers, 2003, 18:70-74.

Plumb GW, de Pascaul-Teresa S, Santos-Buelga C, et al. Antioxidant properties of gallocatechins and prodelphinidins from pomegranate peel, Redox Rep., 2002, 7:41-46.

Pomegranate (Punica granatum) purified polyphenol extract inhibits influenza virus and has a synergistic effect with oseltamivir, Phytomedicine 2009, Volume 16, Issue 12, Pages 1127-1136, M. Haidari, M. Ali, S. Ward Casscells III, M. Madjid.

Pomegranates: "Ancient Roots to Modern Medicine" von Seeram, et al, 2006.

Rosenblat M, Hayak T, Aviram M, Antioxidative effects of pomegranate juice consumption by diabetic patients on serum and on macrophages, Atherosclerosis, 2005, Oct 11.

Schubert SY, Lansky EP, Neeman I, Antioxidant and eicosanoid enzyme inhibition properties of pomegranate seed oil and fermented juice flavonoids, J. Ethnopharmacol., 1999, 66:11-17.

Schubert SY, Neeman I, Resnik N, A novel mechanism for inhibition of NFKB activation in vacular endothelial cells by natural antioxidants, FASEB J., 2002, 16:1931-33.

Seeram NP, Lee R, Heber D, Bioavailability of ellagic acid in human plasma after consumption of ellagitannins from pomegranate (Punica granatum L) juice, Clin Chim. Acta, 2004,348:63-68.

Seeram NP, Adams LS, Henning SM, et al. In vitro antiproliferative, apoptotic and antioxidant activities of punicalagin, ellagic acid and a total pomegranate tannin extract are enhanced in combination with other polyphenols as found in pomegranate juice, J. Nutr. Biochem., 2005, 16:360-67.

Senderwicz AM, Development of cyclin-dependent kinase modulators as novel therapeutic approaches for hematological malignancies, Leukemia, 2001, 15:1-9.

Sharaf A, Nigam SAR, The oestrogenic activity of pomegranate seed oil, J. Endocrinol., 1964, 29:91-92.

Singh RP, Chidambara Murthy KN, Jayaprakasha GK, Studies on the antioxidant activity of pomegranate (Punica granatum) peel and seed extracts using in vitro models, J. Agric. Food Chem., 2002, 50:81-86.

Spira AI, Carducci MA, Differentiation therapy, Curr Opin. Pharmacol., 2003, 3:338-43.

Sudheesh S, Vijayalakshmi NR, Flavonoids from Punica granatum – potential antiperoxidative agents, Filoterapia, 2005, 76:181-86.

Sumner MD, Elliot-Eller M, Weidner G, et al. Effects of pomegranate juice consumption on myocardial perfusion in patients with coronary heart disease, Am. J. Cardiol., 2005, 96:810-14.

Syed DN, Malik A, Hadi N, et al. Photochemopreventive effect of pomegranate fruit extract on UV-A mediated activation of cellular pathways in normal human epidermal keratinocytes, Photochem., Photobiol., 2005, Jun 1.

Tanaka T, Nonaka GI, Nishioka I, Tanniss and related compounds XL., Chem. Pharm. Bull., 1986, 34:650-55.

Tanaka T, Nonaka GI, Nishioka I, Phytochemistry, 1985, 24:2075-78.

Toi M, Bando H, Ramachandran C, et al. Preliminary studies on the antiangiogenic potential of pomegranate fractions in vitro and in vivo, Angiogenesis, 2001, 16:121-28.

van Elswijk DA, Schobel UP, Lansky EP, et al. Rapid dereplication of estrogenic compounds in pomegranate (Punica granatum) using on-line biochemical detection coupled to mass spectrometry, Phytochemistry, 2004, 65:233-41.

Vidal A, Fallarero A, Pena BR, et al. Studies on the toxicity of Punica granatum L (punicaeae) whole fruiot extracts, J. Ethnopharmacol., 2003, 89:295-300.

Xu J, Guo CJ, Yang JJ, et al. Intervention of antioxidant system function of aged rats by giving fruit juices with different antioxidant capacities, Zhonghua Yu Fang Yi Xue Za Zhi, 2005, 39: 80-83.